Dil Ke Adhoore Ehsaas

C&E(Cricketer & Engineer) ki kalam se

Pushpi Maharajpuri

BookLeaf Publishing
India | USA | UK

Made with ❤ on the BookLeaf Publishing Platform
www.bookleafpub.in
www.bookleafpub.com

Dedication

Mere un sabhi doston,chahne walon ka aabhar jo mujhe waqt bewaqt sunke mera likhne ka hausla badate rahte hai.

Preface

Na jane hamne kitne hi pal jaya kiye hai,
Is adhoore se ehsaas men,
Kash ke log laga paye unke apne ye pal,
Kisi achhe se upyogi kaamo men,
Jaya ho jata hai waqt bahut yun hi jindgi ka,
In dil ke adhoore adhhore se ehsas ko sanjone men.

Acknowledgements

Dil ke adhhore ehsas karaake ,
jindgi taras men bhi haseen hai,
Anjaane men hi,ye samjhane ke liye,
Un sab chahne walon ka tah-e-dil se shukriya.

1. Intejar ki Ghadiyan

Badi bedard si,ye jhoote se intejar ki ghadiya hai,
Jismen unse milne ki,tamanna hai man ko,
Janta hai ki hai, ye ab namumkin is janam men magar,
Na jane,fir bhi uska, kyun intejar hai is man ko,
Laharen jo uth rahi hai tej, is thhahre se pani men,
Ehsas ek jhootha sa, jaise uske hone ka kareeb karaker,
jahan bhar ka,sukun de rahin hai fir bhi dil ko,
Pata hai ki ab na hoga kareeb aana is janm men kabhi,
Fir bhi ye chand pal,akele men, nadiya kinare,
na jane kitna aaram de rahe hai ,is bhatke se man ko.

2. Bebasi

Jo kahin nahi milta sukun,
Is adhoore se ehsas men hai,
Pata nahi ye sare armaan mere,
Kyun tere hi bas,jaise vash men hai,
Nahi hai man, is jakdan se nikalne ka,
Duniyan jahan ka chain jaise,
tere in khayalon men hai,
Nahi maloom kahan, manjil hai in sapno ki,
Khushiyan sari hi jaise, bas teri hi mehfil men hai,
Pata nahi kab dekh payengi jee bharke ,
tumko tarasti ye ankhen meri,
Meelon ke ye fasle jo darmiyan apne beech men hai,
Miloge kabhi jo,aamne samne kabhi safar men,
Bataoonga raaj dil ke, chhupe jo gahre is dil men hain.

3. Mera Ashiyana

Sochta hun ajjkal,men rahta kahan hun,
Jabab deta hai man, unke dil men,
Khoya rahta hun, kahan subah-o-shaam,
Jabab ata hai, unke khalon men,
Milta hai sukun,kahan is man ko,
Jawab ata hai, uski yaadon men,
Kaise karu deedaar,uska abhi is tanhayee men,
Jawab ata hai jao chand bankar,
Chupke se uske aangan men,
Bhatakte se man ko, kahan hogi naseeb shanti,
Jawab aata hai ,shayad unki bahon men.

4. Kashmakash

Kyun aate ho tum,khayalon men sada,
Kyun bewaqt itna tadpaate ho,
Kyun chale aate ho hansta hua,
chehra lekar apna, meri yaadon men,
Kyun bewajah mujhe,itna tarsaate ho,
Agar ata hai kabhi tumhen,bhool se bhi khayal mera,
Mujhe kyun na batate ho,
Sapno men mere,bula leta hun pass tumko aksar,
Fir kahan tum chaahke bhi, mujhse door ja pate ho,
Jo jaate bhi ho door, haath jhhatak kar apna,
Jaanta hun men, tum bhi kahan fir chain pate ho,
Tadapte to ho tum bhi,aksar yaadon men meri,
Per jaalim jo thahre itne ki,mujhe kahan ehsaas karate ho,
Ek din ayega jaroor jab tum, pukaroge mujhe sabra khokar,
Yaad rakhna tadpoge aur bhi jyada tab,Jitna abhi tum, mujhe tadpate ho.

5. Baichaini

Na man soya,na tan soya,
baichaini men wo rat beeti,
Dil ne ki baten man se,
Bas dono ki uljhano men jaise raat beeti,
Ek ne sunai apni tadap ki vyatha,
Doosre ne bhi kahi,
Apni tarash ki katha,
In dono is dilchasp charcha men,
Ye lambi si raat beeti,
Dono the bas magan ,
Apna apna haal sunane men,
Badi hi beraham wo ,dono ki raat beeti,
Kash na hota wo do gaj ka falsa ,
In dono ke darmiyan,
To fir dono kahte milke,
Kitne sukun ki ye raat beeti.

6. Ankahi Khawaish

Do gaj ki doori bhi,
Lagti hai meelon jaisi,
Barish ki bunden bhi lag rahi hai,
Bhadakte hue sholon ke jaisi,
Umad rahi hai man men aarjuyen,
A raha ho koi tufan jaise,
Man ki pyas bhadak rahi hai,
Aaag ki lapton ke jaisi,
Yun to hai hariyali charo taraf ajjkal ,
Sawan ke maheene ke jaisi,
Bas ek khhawaish magar jal rahi hai,
Sulagte ek ragistaan ki ret ke jaisi.

7. Bheegi Ankhen

Jo ye ehsaas tumhare agar,
Jindgi men sang na hote ,
Ham bhi shayad shabdon ko,
Is tarah kabhi na pirote,
Gar na samaye hote gahraiyon men,
Rooh ki jo tum,
Ham bhi shayad waqt bewaqt,
Yun hi apni ankhen na bhigote,
Jo keemti na hoti ye tumhari yaden,
Ham bhi inko tan man se,yun na sanjote,
Jab bhi bhatakta hai man,
Dukhon ke sailab ke sang kabhi,
Ham us waqkt ko ,
tumhari yaad men kabhi na rangte,
Dil ko bhata hai bahut,
tumhara sath na jane kyun,
Verna jasbaton ko apne ham,
Tumhare sath kabhi na yun jodte ,

8. Kore Panne

In kore panno men jaise,
Baimausam bahar si aa jati hai,
Jhoomkar naach uthta hai inka dil,
Bejaan si inki jindngi men,
Jaise bahaar aa jaati hai,
Na jane kitne umadte hai,
Tufaan inke man men,
Kitne hi armano ki bheed ,
Eksaath jaise jud jati hai,
Kam hai waqt jindgi men,
Fursat ka yun to inke magar,
Ek ek kar likhkar inko palat te hue,
Jindgi inki khushhal ho jati hai,
Shukriya karte hai mera bhi ye baad men,
Kyunki inmen tere pyar se range hue sabdon ki
Bewaqt barsaat hi jo ho jaati hai.

9. Lambi Raaten

Kuchh to aur waqt mera tumse hi,
mukhatib hota to kya baat hoti,
Jyun tarasta hai man mera ,
Tumhara bhi tadapta, to kya baat hoti,
Gujarta na waqt yun hi thahar thahar kar,
Tum bhi yaad jo hamen karte,to kya baat hoti,
Jo sunta hun, men ek madhur sangeet,
Tumhaari hi yado ka har waqt,
Gar tum bhi wohi sunte to kya baat hoti,
Pighalte hai jyun armaan mere,
Ankhon se ganga jamuna bankar,
Kash ke tum unko ponchh pate to kya baat hoti,
Jo dekhte har sham,chand ki chandini agar sath,
Raten jo hoti lambi lambi apni sath sath,to kya bat hoti,
Qaid hai jindgi uljhanon men bahut yun to,
Kash ye tumhari julfon men qaid ho pati,
to kya baat hoti.

10. Man ki Murat

Man men basi is sunder si muraat ko,
Dheere dheere jaise pighla raha hun,
Is kram men,jaise apne nadan dilko,
Bahut sara tadpa raha hun,
Shayad tumko mujhse doori ,
Sukun dene lagi hai kafi,
Men bhi poori shiddat se,
Ab mujhse tumko, mukt kiye ja raha hun,
Koshish ye hai ki tum tak ab,
Koi bhi bhool se meri sada na jaye,
Na tum mujhe yaad karo kabhi,
Na men hi tumko kabhi bhi yaad a jaau,
Bas isi tammna ko mukammal karne men,
Ab ye baki jindgi bas ,yun hi jiye ja raha hun.

11. Tasveer se Baaten

Gujar rahi hai jindhi kashmakash men yun to,
Yaad unko karke kuchh, tasalli kar leta hun,
Man tarasta hai unke liye waqt bewaqt to,
Saath Gujre palon ko yaad kar,
thoda khush ho leta hun,
Sochta hun jindgi ne kyu karaya tha ,
ehsas ye meetha sa mujhko,
Fir jo hua achha hua sochkar,
Bhatakta ye man samhal leta hun,
Yaadon se un haseen palon ki ,
Door jana hai bahut kathin,
Fir bhi nakaam si ek koshish,
Kabhi kabhi kar hi leta hun,
Aur kuchh na sujhe jo karne ko man ko,
To rakhke jameen pe sar,aksar ro leta hun,
Jo rah gayee thi adhoori ,bahut si baten us waqt,
Tasveer se ab tumhari,jee bharke kar leta hun.

12. Umra Dhadkano ki

Tumko nahi maloom,dil ko kitna hi,
Tum din raat tadpati ho,
Har pal har dam, ghadi ghadi kitna hi,
Man men pyar ki ek taras jaga jati ho,
Muskurahat ye tumhari karti hai khoob asar,
Gamgeen se man ko khusnuma kar jati ho,
Aise hi aate raha karo ,khayalon men pass mere,
Jane anjane hi ,mere dil ki dhadkano ki tum jaise,
umra bada jati ho,
Jitna karun jatan tumse door rahne ka,
Ehsas dilakar tum jhoota hi sahi apna,
Man ko aur tarsa hi jati ho,
Dard is taras ka magar, meetha bahut hai,
Dard-e-ehsas karaker ye tum,
dil pe ek bada sa mere ehsan aksar kar hi jati ho.

13. Dhara ashqon ki

Tanhayee men ashq bahana ,
achha lagta hai,
Aadhi raat ki bela men,yad tujhe karna
achha lagta hai,
Yun to hain hamdard kai mere jahan men,
Khayalon men hi tere kandhon, pe rona hi per achha
lagta hai,
Girte hue ye anshu ajj, fir teri yaad dila rahe hai,
Mujhe inmen dhundhli si teri tasveer dekhna ,
Achha lagta hai,
Kya pata tere dil pe kabhi dastak de den ye sadayen,
Ye khayal aate hi dil ko bada ,
Achha lagta hai,
Kahan samet lun in ashqon ke sagar ko,
Jinko teri chaah men ,bund bund karke bahna,
Achha lagta hai,
Dukh hota hai jab unko ponchh deta hun ,
Apne hi hathon se ,
Kyunki inmen dikhti hui dhudhli si tasveer teri,
Mitana kahan achha lagta hai .

14. Dhudhli si tashveer

In ashuon men teri tashveer dekh pana,
achha lagta hai,
Is raat ki tanhayee men,tumhen yaad karna,
Achha lagta hai,
So rahi hai duniyan chain ki neend abhi to,
Ye dhundhli si tasveer dekhte hue ashqon men,
Per mujhe ,Jagna achha lagta hai,
Yun to hai chahate man men hajar baki,
Pata nahi tere pyar men tarasna hi per kyun,
Achha lagta hai,
Tumko to khabar hi nahi is hal ki mere,
Tumhen sochkar ,deedar ko tadapna hi mujhe,
achha lagta hai,
Kyun atakta hai raag dil ka ,bas tumko sochkar,
Fir bas yehi taharke rah jana hi man ko ,
Achha lagta hai ,
Dil nahi karta bulakar tumko wapis bhejna khayalon se,
Tumen gale lagakar rokke pass rakhna hi ,
Achha lagata hai,
Yun to ho saikdon meelon ki doori per tum hamse,

Ehsas tumahara yehi apne pass karna per,
Achha lagta hai.

15. Chain ki neend

Jin palon ke liye rooh tadapti hai meri,
Kabhi to is chhoti si jindgi men shayad naseeb honge,
Unko bhi ayage kabhi to taras is dil pe,
Hai yakin meherban hokar kabhi to hamse
Gale milenge,
Kahenge ki unko bhi satati hai,Meri yaad aksar,
Mujhe sochkar akele men shayad wo bhi kabhi to
muskurate honge,
Kash ke ho jaye, unko ye khabar kaise bhi,
Ki kisi ke arman,unko sochkar,machalte honge,
Yahan pahar ke pahar beet jate hai jagte jagte hi,
Wo to magar,chain se bekhabar soye honge.

16. Bikhra man

Kya kabhi hamare bhi hathon men hath honge,
Pyar ke kuchh haseen pal,kya kabhi hamare honge,
Kaisa hoga wo manjar Milenge jab ham tum,
Jo gata hai dil mera wo sare geet ,kya kabhi tumhare bhi
honge,
Sargam tere hothon pe ,pyar ke apni likh dun,
Aise lamhe kya jindgi men is gareeb ko kabhi,
Naseeb bhi honge,
Kya bana paoonga mandir sa ,ghar ka har ek kona,
Wo lamhen kya jindgi men,kabhi bhool se bhi haasil
honge,
Gale lagkar tum bhi bebas se hokar,
poochhoge kabhi,meri yaaad ati hai kya,
Wo sunahre pal is jindgi men kabhi bhi kya,
najar honge.

17. Pyar ki sargam

Tere honthon pe apne pyar ki ek sargam likh dun,
Mathe pe tere apne pyar ki ek mohar gadh dun,
Kabhi to milogi shayad is safar men jindgi ke,
Isi bharam men apne dil ko thoda bahla dun,
Na jane kab tumne is dil per raaj kar liya ,
Ab kaise ise teri yadon se,begana kar dun,
Khayalon men tere khoye rahna pasand hai ajjkal,
Ab to teri yaad men hi bas ,sare pal apni jindgi ke bhar dun,
Agar mile kabhi koi tohfa dene ka tujhe mauka
Apna sara pyar ,ikraar ,tere kadmon men bichhha dun.

18. Tadap se bhari jindgi

Kitna sukun hai tujhe sochkar anshu bahane men,
Jo nahi hota naseeb mujhe,
Kahin bhi is jamane men,
Tere pyar se jaise roshan ho rahi hai jindgi,
Verna kahan se jaan aati mere in tarano men,
Har dhadkan men sunta hun bas jaise tera hi naam,
Nahi koi aur najar ata ab apna,is jamane men,
Nahi hai koi aur najara in ankhon ko pyara,
Chain milta hai rooh ko,tujhe sochkar ashq bahane men,
Na jane kitne janmon se jaise, tadpa hun tere liye,
Shayad isiliye itna sukun hai rah rah kar tarasne men,
Na jane kab bujhegi ye man ki pyaas jindgi men,
Tut na jayen ye taar sanso ke achanak,
Tadap se bhari jindgi men.

19. Anmol sukun

Ajeeb si jindgi ham jiye ja rahe hai,
Yaadon men teri yun din raat khoye ja rahe hai,
Na apni khabar hai kuchh ,na hi duniyan ki,
Bas tere khayalon men hi ,khoye se ja rahe hai,
Taajjub to ye hai ki unhen to khabar bhi nahi,
Ham din raat unke pyar ke liye, tarse ja rahe hai,
Bahte hue ashq, poochh rahe mujhse har pal,
Kyun baha rahe ho, hamen itni tej dhhar men,
De raha hun jawab, unko chupchap bahte raho,
Tumko kya pata ye rooh ko meri,
kitna sukun diye ja rahe hai,
Khayalon men hi sahi,
magar ham kareeb to hai unke,
Dil aur man jaise ek lambi si ,
jindgi jiye ja rahe hai,
Bahte raho chupchap tum yaroo,
na karo ab koi sawal jawab mujhse,
Ham in palon men hi ,
ek anmol sa sukun jo pa rahe hai.

20. Namkeen taseer

Yun to hai namkeen si inki taseer,
Per hamko meethe lage ja rahe hai,
Hai sukun men, in palo men ye jindgi,
Ashru jo ye tumhari yaad men,
Sukun se bahe ja rahe hai,
Man bhi kah raha hai,
bahne do inko jee bharke,
Ye duniya jahan ka sara sukun mujhe,
jo diye ja rahe hai,
Nahi hai inko rokne ka, bilkul bhi man filhal to,
Khushiyon ke pal jo, unke sang ham unki yaad
men,khayalon men hi jo jiye ja rahe hai,
Koi na pareshan karo hamen,
abhi is waqt tok kar ,
Ham unke hi khayalon men gum hue ja rahe hai,
Jab sukh jayenge bahte bahte,
ye anshu khud se hi,Samjah jayega jamana,
ke ab ham bejaan se jaise hue ja rahe hai.

21. Khayal tumhara

Kabhi kabhi sochta hun ki karar kahan dhoondhu ab jindgi men,
Khayal aate hi tera , jawab mil hi jata hai,
Kitna bhi chahun tumse door jana,
Ghoom fir ke khayal tumhara aa hi jata hai,
Ab to hai mushkil ,khayalon se door rahna tumhare,
Karne baithu jo kuchh kam doosra to bhi,
Samne tumhara chehra aa hi jata hai,
Sochta hun mushkura rahe ho tum bhi mujhe hi yaad karke ,
Fir yaad ata hai tumko to maloom hi nahi ke,
Koi tumhare pyar men jaise besudh sa hua jata hai,
Koi baat nahi per ,tum khush to ho kam se kam dil na lagakar,
jodkar kisi se ehsas dil ke verna, judai ke dar se,
man bada hi ghabra sa jata hai.

www.ingramcontent.com/pod-product-compliance
Lightning Source LLC
Chambersburg PA
CBHW070654240926
51846CB00003BA/918
* 9 7 8 9 3 7 5 4 3 1 8 5 5 *